Learning to Get Along®

T0018208

Accept and Value Each Person
Aceptar y valorar a cada persona

Cheri J. Meiners, M.Ed.

Ilustrado por Meredith Johnson

Traducido por HIT Bilingual Publishing

free spirit
PUBLISHING®

Library of Congress Cataloging-in-Publication Data
Names: Meiners, Cheri J., 1957– author. | Johnson, Meredith, illustrator. | Meiners, Cheri J., 1957– Accept and value each person. | Meiners, Cheri J., 1957– Accept and value each person. Spanish | HIT Bilingual Publishing, translator.
Title: Accept and value each person = Aceptar y valorar a cada persona / Cheri J. Meiners, M. Ed., ilustrado por Meredith Johnson ; traducido por HIT Bilingual Publishing.
Other titles: Aceptar y valorar a cada persona
Description: Minneapolis, MN : Free Spirit Publishing, [2023] | Series: Learning to get along | Audience: Ages 4–8 | Summary: "The world is becoming more diverse, and so are the daily lives of our children. Accepting and valuing people and groups who are different from oneself and one's family is an important social skill. In simple words and warm, colorful illustrations, this book introduces diversity and related concepts: respecting differences, finding similarities, being inclusive, and appreciating people just the way they are. Made to be read aloud, this book also includes a special section for adults, with discussion questions to share, games to play, and activities that reinforce the ideas being taught"—Provided by publisher.
Identifiers: LCCN 2022033513 (print) | LCCN 2022033514 (ebook) | ISBN 9781631988219 (paperback) | ISBN 9781631988448 (ebook)
Subjects: LCSH: Toleration—Juvenile literature. | Individual differences—Juvenile literature. | BISAC: JUVENILE NONFICTION / Social Topics / Emotions & Feelings | JUVENILE NONFICTION / Social Topics / Values & Virtues
Classification: LCC HM1271 .M39618 2022 (print) | LCC HM1271 (ebook) | DDC 179/.9—dc23/eng/20220801
LC record available at https://lccn.loc.gov/2022033513
LC ebook record available at https://lccn.loc.gov/2022033514

Edited by Marjorie Lisovskis
Cover and interior design by Marieka Heinlen
Illustrated by Meredith Johnson

Free Spirit Publishing
An imprint of Teacher Created Materials
9850 51st Avenue, Suite 100
Minneapolis, MN 55442
(612) 338-2068
help4kids@freespirit.com
freespirit.com

FSC
www.fsc.org
MIX
Paper from responsible sources
FSC® C144853

Free Spirit offers competitive pricing.
Contact edsales@freespirit.com for pricing information on multiple quantity purchases.

Dedication

To each child.
You are wonderful
just the way
you are.

Dedicatoria

A cada niña y a cada niño.
Eres una persona maravillosa
tal como eres.

Each person in this world
is different from everyone else.

I'm the only one just like me.

Cada persona en el mundo es diferente
de todas las demás.

Yo soy única y no hay nadie igual a mí.

1

There are many ways to tell us apart on the outside.

Hay muchas cosas que nos distinguen por fuera.

We each have our own size, shape, and color that is just right.

Cada persona tiene su propia altura, forma y color, y es perfecta tal como es.

4

But on the inside, I'm a lot like other people.
I want people to like me just the way I am.

Pero, por dentro, yo me parezco mucho a los demás.
Y quiero agradarles tal como soy.

I want to know that I'm important to someone.

Quiero sentir que soy importante para alguien.

6

Everyone wants to feel accepted.

Todos queremos sentirnos aceptados.

I can like people for who they are,
and treat them kindly.

Puedo querer a las personas tal como son
y tratarlas con amabilidad.

I can include another person.

Puedo incluir a otras personas.

There's room in my heart
for someone new.

En mi corazón siempre hay espacio
para recibir a alguien nuevo.

I like to make friends.

Me gusta hacer amigos.

I can listen and talk to find ways that we're alike.

Puedo escucharlos y conversar para descubrir en qué nos parecemos.

I have lots of friends.
Each one is interesting in a different way.

Tengo muchos amigos.
Cada uno es interesante a su manera.

I can value the way each person looks, thinks, and feels.

Puedo valorar la apariencia de cada persona y su forma de pensar y de sentir.

We're each good at different things.
Sometimes I can help somebody.

Cada uno sabe hacer algo diferente.
A veces yo le ayudo a alguien.

At other times, someone can help me.

Y otras veces alguien me ayuda a mí.

We all like different things.

A todos nos gustan cosas diferentes.

We think, believe, and do different things, too.

También pensamos, creemos y hacemos cosas diferentes.

We may have differences in our families.
We may speak, eat, or dress in different ways.

Puede que nuestras familias sean diferentes.
Y puede que nuestra forma de hablar, de comer
o de vestirnos también sea diferente.

I can appreciate people
just the way they are.

Puedo valorar a las personas
tal como son.

I may not like everything a person does.

Tal vez no me guste todo lo que hacen.

Oops! ¡Ups!

I can be patient with others
when something bothers me.

Puedo ser paciente con los demás
cuando algo me molesta.

When big problems happen,
I can listen as we talk about
our differences.

Cuando hay un problema
grave, puedo escuchar a los
demás mientras hablamos
sobre nuestras diferencias.

I can try to understand how someone feels.

Puedo tratar de entender cómo se siente esa persona.

I can forgive when I feel hurt.

Puedo perdonar cuando me siento herida.

I can respect and learn from each person I meet.

Puedo respetar a cada persona que conozco y aprender de ellos.

There's something I can like
about everyone.

Siempre puedo encontrar algo
que me gusta de cada persona.

We're each an important part of a group.

Cada uno de nosotros es una parte importante de un grupo.

We can do more together than alone.

Podemos hacer mucho más juntos que separados.

When we accept and value each other,

Cuando aceptamos y valoramos a los demás,

we're learning to get along.

aprendemos a llevarnos bien.

Ways to Reinforce the Ideas in
Accept and Value Each Person

As you read each page spread, ask children:

- What's happening in this picture?

Here are additional questions you might discuss:

Pages 1–3

- What is something about you that's different from everyone else? *(Besides physical differences, discuss distinctive attributes such as how individual children write or draw, specific skills or abilities, and things they think about.)*

- How do the different kinds of fish remind you of differences in people?

Pages 4–7

- How are people alike on the inside?

- Who are you important to? How do you know?

- What does it mean to feel accepted? *(You might explain acceptance as a feeling of belonging or of being okay just the way you are.)*

Pages 8–13

- Think of a time you made friends with someone new. How did you show that you wanted to be friends? How did you feel? How did the other person feel?

- How are the shells alike? How are they different? What if all the shells in the ocean were exactly alike?

- Think of a friend. How are you and your friend alike? How are you different? What do you like about your friend?

- What does *value* mean? *(You might explain by saying, "If you value something about someone, you appreciate it and think it's important.")*

Pages 14–15

- What is something you're good at? What are some ways you can help someone else? How does it feel to help?

- What are some things other people have done to help you? How does it feel when someone helps you?

Pages 16–19

- How are the people in this picture alike? How are they different? What different things are they doing?

- What's a family? How are families alike? How are they different?

- What are some ways people speak (eat, dress) differently?

- What if everybody looked alike? What if everybody wanted to do the same things?

Pages 20–25

- Tell about a time when you talked and listened during a disagreement with someone. How did you solve it?

- Why is it important to understand how someone else feels? How does this help us get along?

- What does it mean to forgive? *(You might explain by saying, "When you forgive someone, you decide not to feel hurt or bothered by what the person said or did.")* Have you ever forgiven someone? What happened? How did you feel after you forgave the person? Has someone ever forgiven you? What happened? How did you feel?

Pages 26–31

- What is respect? *(You might explain by saying, "When you respect people, you show that you think they are important.")* What are some ways you can show respect for someone?

- What are some of the groups you belong to? What are things that are easier to do in a group than alone?

"Appreciating Others" Games

Accept and Value Each Person teaches children about understanding and appreciating both the similarities and differences of others. The book introduces beginning skills of valuing and accepting others, showing kindness and respect, and learning to get along with others in our diverse society. Here is a summary of ten skills of accepting and valuing others that are taught in the book:

1. Treat everyone kindly.
2. Find ways you're alike.
3. Include someone who is new.
4. Learn to give and receive help.
5. Appreciate others the way they are.

6. Overlook small differences.
7. Talk and listen when differences cause a problem.
8. Try to understand how others feel.
9. Forgive when you feel hurt.
10. Value each person as part of the group.

Read this book often with your child or group of children. Once children are familiar with the book, refer to it when teachable moments arise involving positive behavior or problems related to accepting and valuing others. Notice and comment when children show kindness and compassion. In addition, use the activities on pages 34–35 to reinforce children's understanding of why and how to be accepting and respectful toward all people.

"Alike and Different" Game

Preparation: Prepare a worksheet with a grid of four to eight squares. In each square, write a topic or question like the following; photocopy a worksheet for each child.

- What is your favorite color (book, toy, school subject, game)?
- How many teeth have you lost?

- How old are you?
- How many people are in your family?

Directions: Read aloud a question from the worksheet, and have or help children fill in their answer using words or simple pictures. Continue until all squares are filled. Then go over the questions and answers as a group. Talk about the ways children are alike and different.

Variation: After children have completed the worksheets, give each child a blue and red crayon. Have children form groups of two or three to compare how they answered the questions. Ask children to tally on their worksheets their group members' responses to the questions: If another child answered the same way, the child will put a blue X in the box, and a red X if the answer is different. Then have children compare their findings of how many ways they are similar or unique in the group. Have children think of a few ways they are all the same.

"Valuing New Friends" Puppet Role Plays

Materials: Camera, craft sticks, scissors, tape or glue, magazines or catalogs, cardstock, index cards, resealable plastic bag for storing puppets

Preparation: Take a photo of each child in the group or class (full body rather than headshot), and print doubles. You may wish to cut away the background and laminate them. Children can help tape or glue the pictures to craft sticks to make stick puppets. Also make extra puppets (at least one per child) by cutting out pictures from catalogs and magazines of varied children and adults. Card stock can be glued to the back for stiffness.

Directions: Each child should have his or her own puppet, the puppet of a friend or classmate, and at least one of the extra puppets. (Store puppets in a resealable plastic bag when not in use.) Children can rotate playing themselves, their friend, or someone new. Have children practice introducing themselves, asking appropriate questions that engage conversation, and being friendly and polite. You may wish to prompt children by demonstrating a scenario with a child. For each scenario, you may wish to focus on one of the ten skills listed on page 33.

Sample Role Play Ideas:

- At a shopping center, you see someone who looks or dresses very differently from you.
- A group of boys (or girls) are playing together. You want to play, but they say, "This is only for boys (or girls)."
- At school you notice a new child is playing or eating alone or needs help with something.
- You are invited to eat at a friend's home. The foods and way of eating are different from what you're used to.

"Parts of a Group" Card Game

Materials: Magazines, markers, scissors, glue, index cards

Preparation: Cut out or draw sets of pictures (such as below) and glue each picture to a separate index card:

Group Cards		Part Cards	
trees in a forest	a person	a single tree	an arm or ear
a jazz band or orchestra	an aquarium of fish	a single instrument	a single fish
a flower garden	a completed puzzle	a single flower	a puzzle piece
a car	a basketball team	a steering wheel	a player

Discussion: Set the Part Cards aside. Place the Group Cards facedown and have a child draw a card. Discuss the various different elements that make up the picture. Talk about how each part completes the whole and makes it work better or makes it more beautiful.

Game Directions: Place all cards face down randomly. The first player turns over two cards, seeking a matching Group Card and Part Card. If the cards are not a match, the child turns them back over. Play continues, with everyone trying to remember the location of the cards. When a child finds a match, have the child explain how the single item is important to the group it belongs in. Continue until all cards are matched.

"We're Unique and Beautiful" Bouquet

Materials: Pictures of flowers from books or catalogs, colored construction paper or tissue paper, scissors, glue, crayons or markers, green florist wire or pipe cleaners, clear tape or green florist tape, photo or hand-drawn picture of each child, large vase or decorated can or wastebasket

Discussion: As a follow-up to the "Parts of a Group" Card Game, discuss various types of flowers, inviting children to talk about which are their favorites and why they like them. Share pictures and descriptions of flowers. Talk about the qualities of each one and about how flowers complement one another when they're together in a bouquet or garden. Relate the discussion to the children by talking about ways that each child adds something to the group; together, the unique individuals make a special group.

Directions: Ask each child to make a favorite type of flower. Help children to cut and fold their chosen flowers from construction or tissue paper and tape or twist green wire for stems. Have each child glue his or her own photograph or hand-drawn self-portrait on a flower petal or center. Display the flowers together in a container.

Variations: Make a "We're Unique and Beautiful" bulletin board display or a poster of flowers, snowflakes, or handprints.

Maneras de reforzar las ideas en
Aceptar y valorar a cada persona

Al leer cada página, pregunte:

- ¿Qué está pasando en esta imagen?

Estas son algunas preguntas adicionales que puede hacer:

Páginas 1 a 3

- Menciona algo en lo que eres diferente de las demás personas. *(Además de las diferencias físicas, comenten atributos distintivos, como la forma de dibujar o de escribir, habilidades o destrezas específicas de cada niño y otros aspectos que se les puedan ocurrir).*

- ¿Por qué los diferentes tipos de peces pueden recordarnos las diferencias que existen entre las personas?

Páginas 4 a 7

- ¿En qué se parecen las personas por dentro?

- ¿Para quiénes eres importante? ¿Cómo lo sabes?

- ¿Qué significa *sentirnos aceptados*? *(Puede explicar la aceptación como el sentido de pertenencia o como la capacidad de sentirnos contentos tal como somos).*

Páginas 8 a 13

- Piensa en alguna vez que te hiciste amigo de alguien que no conocías. ¿Cómo le demostraste que querías ser su amigo? ¿Cómo te sentiste? ¿Cómo se sintió la otra persona?

- ¿En qué se parecen las caracolas? ¿En qué se diferencian? ¿Qué pasaría si todas las caracolas que hay en el mar fueran exactamente iguales?

- Piensa en un amigo. ¿En qué se parece a ti? ¿En qué se diferencia de ti? ¿Qué te gusta de tu amigo?

- ¿Qué significa *valorar*? *(Puede explicarlo diciendo: "Si valoras algo en alguien, lo aprecias y crees que es importante").*

Páginas 14 y 15

- ¿Cuál es una de las cosas que sabes hacer bien? ¿De qué manera puedes ayudar a otras personas? ¿Cómo te sientes cuando ayudas a alguien?

- ¿Qué cosas han hecho otros para ayudarte? ¿Cómo te sientes cuando alguien te ayuda?

Páginas 16 a 19

- ¿En qué se parecen las personas de esta imagen? ¿En qué se diferencian? ¿Qué actividades diferentes están haciendo?

- ¿Qué es una familia? ¿En qué se parecen las familias? ¿En qué se diferencian?

- ¿De qué maneras diferentes habla (come, se viste) la gente?

- ¿Qué pasaría si todos tuviéramos la misma apariencia? ¿Qué pasaría si todos quisiéramos hacer las mismas cosas?

Páginas 20 a 25

- Cuenta cómo hablaste y escuchaste cuando tuviste un desacuerdo con alguien. ¿Cómo lo resolvieron?

- ¿Por qué es importante comprender cómo se siente la otra persona? ¿Por qué eso nos ayuda a llevarnos mejor?

- ¿Qué significa *perdonar*? (*Puede explicarlo diciendo: "Cuando perdonas a alguien, decides no sentirte herido ni molesto por lo que la otra persona hizo o dijo"*). ¿Alguna vez has perdonado a alguien? ¿Qué había pasado? ¿Cómo te sentiste después de perdonar a esa persona? ¿Alguna vez alguien te ha perdonado? ¿Qué había pasado? ¿Cómo te sentiste?

Páginas 26 a 31

- ¿Qué es el respeto? (*Puede explicarlo diciendo: "Cuando respetas a las personas, les demuestras que son importantes para ti"*). ¿De qué maneras puedes mostrarles respeto a las personas?

- ¿Cuáles son algunos grupos a los que perteneces? ¿Qué cosas son más fáciles si las haces en grupo en lugar de hacerlas tú solo?

Juegos para valorar a los demás

Aceptar y valorar a cada persona enseña a los niños sobre la comprensión y la valoración tanto de las semejanzas como de las diferencias entre las personas. Este libro introduce habilidades iniciales para valorar y aceptar a los demás de una manera respetuosa y amable, y para aprender a llevarse bien con otros dentro de una sociedad tan diversa como la nuestra. El siguiente resumen presenta diez habilidades relacionadas con la valoración y la aceptación que se enseñan en el libro:

1. Tratar a todos con amabilidad.
2. Buscar puntos en común.
3. Incluir a quienes son nuevos.
4. Aprender a dar y recibir ayuda.
5. Valorar a los demás tal como son.
6. Pasar por alto las pequeñas diferencias.
7. Hablar y escuchar cuando las diferencias generan un problema.
8. Tratar de comprender cómo se sienten los demás.
9. Perdonar cuando te sientes herido.
10. Valorar a cada persona como miembro del grupo.

Lea este libro con frecuencia a su hijo o a un grupo de niños. Una vez que los niños estén familiarizados con la lectura, téngala en cuenta cuando surjan conductas positivas o problemas relacionados con la valoración y aceptación de los demás. Resalte y haga comentarios positivos cuando los niños se comporten de manera amable y compasiva. Además, use las actividades de las páginas 38 a 40 para reforzar la comprensión de los niños sobre cómo y por qué mostrar aceptación y respeto hacia los demás.

Juego: Parecidos y diferentes

Preparación: Prepare una hoja de trabajo con un grilla de cuatro a ocho cuadrantes. En cada cuadrante, escriba un tema o una pregunta como se muestra a continuación; haga una fotocopia de la hoja de trabajo para cada niño.

- ¿Cuál es tu color (libro, juguete, útil escolar, juego) favorito?
- ¿Cuántos dientes se te han caído hasta ahora?
- ¿Cuántos años tienes?
- ¿Cuántas personas hay en tu familia?

Instrucciones: Lea en voz alta una pregunta de la hoja de trabajo y pida a los niños que completen sus respuestas usando palabras o dibujos sencillos. Continúe hasta que los niños hayan completado todos los cuadrantes. Luego, repase las preguntas y las respuestas de manera grupal. Converse con los niños sobre las diferencias y semejanzas que hay entre ellos.

Variación: Una vez que los niños completen las hojas de trabajo, entregue a cada uno un crayón rojo y otro azul. Pida a los niños que se reúnan en grupos de dos o tres para comparar la forma en que han respondido las preguntas. Pídales que hagan marcas de conteo en sus hojas de trabajo para registrar las respuestas de los miembros del grupo a cada pregunta. Si un niño contestó de la misma manera, colocarán una X azul en la casilla y, si su respuesta fue diferente, colocarán una X de color rojo. Luego, pídales que comparen sus resultados y analicen en cuántos aspectos son parecidos y en cuántos aspectos son diferentes y únicos dentro del grupo. Pida a los niños que piensen algunas cosas en las que todos sean parecidos.

Juego para representar con títeres: Valorar a los nuevos amigos

Materiales: Cámara, palillos para manualidades, tijeras, cinta adhesiva o pegamento, revistas o catálogos, cartulina, tarjetas, bolsa plástica resellable para guardar los títeres

Preparación: Tome una foto de cada niño del grupo o de la clase (de cuerpo entero, no primer plano) y haga dos copias de cada foto. Si lo desea, puede recortar el fondo y plastificar las fotos. Los niños pueden ayudar a pegarlas a los palillos de manualidades para armar los títeres. Prepare algunos títeres de más (como mínimo uno por niño) recortando fotos de niños y adultos de apariencia variada que encuentre en catálogos y revistas. Puede pegar cartulina en el dorso de las fotos para que queden más rígidas.

Instrucciones: Cada niño debe tener su propio títere, el títere de un amigo o compañero de clase y al menos uno de los títeres adicionales. (Guarde los títeres en una bolsa de plástico resellable cuando ya no los use). Los niños pueden alternar los títeres para representar el papel de sí mismos, el de uno de sus amigos y el de alguien nuevo. Pídales que practiquen cómo presentarse, cómo hacer preguntas adecuadas para empezar una conversación y cómo ser amigables y amables. Para que los niños se animen participar, puede demostrar una situación con uno de ellos. Cada situación puede centrarse en una de las diez habilidades que se mencionan en la página 38.

Ideas para representar:

- En un centro comercial, ves a alguien que tiene un aspecto o una forma de vestir muy diferente a la tuya.

- Un grupo de niños (o niñas) están jugando juntos. Tú quieres jugar, pero te dicen: "Esto es solo para niños (o niñas)".

- En la escuela te das cuenta de que un niño nuevo está jugando o comiendo solo o necesita ayuda con algo.

- Te invitan a comer a casa de un amigo. Los alimentos y la forma de comer son diferentes a los que estás acostumbrado.

Juego de cartas: Partes de un grupo

Materiales: Revistas, marcadores, tijeras, pegamento, tarjetas

Preparación: Recorte o dibuje conjuntos de imágenes (como los que se describen a continuación) y pegue cada uno en una tarjeta aparte:

Tarjetas de grupos		Tarjetas de partes	
árboles en un bosque	una persona	un solo árbol	un brazo o una oreja
un jardín con flores	un acuario con peces	una sola flor	un solo pez
una banda de *jazz* o una orquesta	un rompecabezas armado	un solo instrumento musical	una pieza de un rompecabezas
un auto	un equipo de baloncesto	un volante	un jugador de baloncesto

Tema para comentar: Deje a un lado las Tarjetas de partes. Coloque las Tarjetas de grupos boca abajo y pida a un niño que saque una tarjeta. Comente con los niños los diferentes elementos que forman la imagen. Hablen de cómo cada parte completa el conjunto y hace que funcione mejor o se vea más bonito.

Instrucciones del juego: Coloque todas las tarjetas boca abajo sin seguir ningún orden. El primer jugador da vuelta dos tarjetas, buscando que coincidan la Tarjeta de partes y la Tarjeta de grupos. Si las tarjetas no coinciden, el niño las pone boca abajo otra vez en el mismo lugar. El juego continúa y todos tratan de recordar la ubicación de las tarjetas. Cuando un niño encuentre una coincidencia, pídale que explique por qué el objeto es importante para el grupo al que pertenece. Continúe hasta que los niños hayan emparejado todas las Tarjetas de partes con las Tarjetas de grupos correspondientes.

Ramo de flores: Somos únicos y hermosos

Materiales: Fotos de flores recortadas de libros o catálogos, cartulina o papel de seda de distintos colores, tijeras, pegamento, crayones o marcadores, alambre de floristería verde o limpiapipas verde, cinta adhesiva transparente o cinta de floristería verde, foto o dibujo de cada niño, jarrón grande o lata o papelera decoradas

Tema para comentar: Como continuación del juego de cartas Partes de un grupo, comente los distintos tipos de flores e invite a los niños a decir cuáles son sus flores favoritas y por qué les gustan. Comparta imágenes y descripciones de las flores. Hable de las cualidades de cada una y de cómo se complementan las flores cuando están juntas en un ramo o en un jardín. Para que los niños puedan relacionar el tema con sus propias experiencias, mencione las distintas cosas que cada uno de ellos aporta al grupo; cada persona es única y, juntas, forman un grupo especial.

Instrucciones: Pida a cada niño que forme su tipo de flor favorita. Ayude a los niños a cortar y plegar las flores de cartulina o papel de seda, y a pegar o retorcer el alambre verde para formar los tallos. Pida a cada niño que pegue su propia fotografía o autorretrato en un pétalo o en el centro de la flor. Exhiba las flores juntas en un recipiente.

Variaciones: Con el título "Somos únicos y hermosos", haga un tablero de anuncios o un cartel con flores, copos de nieve o huellas de manos.

Acknowledgments

I wish to thank Meredith Johnson, whose charming illustrations resonate so well with the text, and Marieka Heinlen for the exuberant design. I appreciate Judy Galbraith and the entire Free Spirit family for their dedicated support of the series. I am especially grateful to Margie Lisovskis for her diplomatic style as well as her talented editing. I also recognize Mary Jane Weiss, Ph.D., for her expertise and gift in teaching social skills. Lastly, I thank my fantastic family—David, Kara, Erika, James, Daniel, Julia, and Andrea—who are each an inspiration to me.

Agradecimientos

Quisiera agradecer a Meredith Johnson, cuyas encantadoras ilustraciones se combinan muy bien con el texto, y a Marieka Heinlen por el espléndido diseño. Agradezco a Judy Galbraith y a toda la familia de Free Spirit por el dedicado apoyo que le han brindado a la serie. Estoy especialmente agradecida con Margie Lisovskis por su estilo diplomático, así como por su talentosa revisión. También doy gracias a Mary Jane Weiss, Ph.D., por su experiencia y capacidad para enseñar habilidades sociales. Por último, agradezco a mi estupenda familia —David, Kara, Erika, James, Daniel, Julia y Andrea—, quienes son mi fuente de inspiración.

About the Author

Cheri J. Meiners, M.Ed., has her master's degree in elementary education and gifted education. The author of the award-winning Learning to Get Along® social skills series for young children and a former first-grade teacher, she has taught education classes at Utah State University and has supervised student teachers. Cheri and her husband, David, have six children and enjoy the company of their lively grandchildren.

Acerca de la autora

Cheri J. Meiners, M.Ed., tiene una maestría en Educación Primaria y Educación Dotada. Es autora de la galardonada serie sobre comportamiento social para niños *Learning to Get Along*®, fue maestra de primer grado, ha dictado clases de educación en la Universidad Estatal de Utah y ha supervisado a maestros practicantes. Cheri y su esposo, David, tienen seis hijos y disfrutan de la compañía de sus alegres nietos.